DEBUT D'UNE SERIE DE DOCUMENTS
EN COULEUR

EXPOSITION HISTORIQUE DE MADRID

TUNISIE

CATALOGUE DES MONUMENTS
INTÉRESSANT

L'HISTOIRE DE LA TUNISIE

reproduits par les soins
du Service des Antiquités et des Arts
de Tunisie

COLLECTIONS DU MUSÉE ALAOUI (BARDO)
COLLECTIONS DU MUSÉE DE St-LOUIS-DE-CARTHAGE
MONUMENTS DE L'ÉPOQUE ANTIQUE
MONUMENTS ET HABITATIONS ARABES

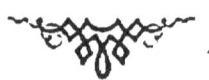

TUNIS
IMPRIMERIE RAPIDE, RUE DE CONSTANTINE
1892

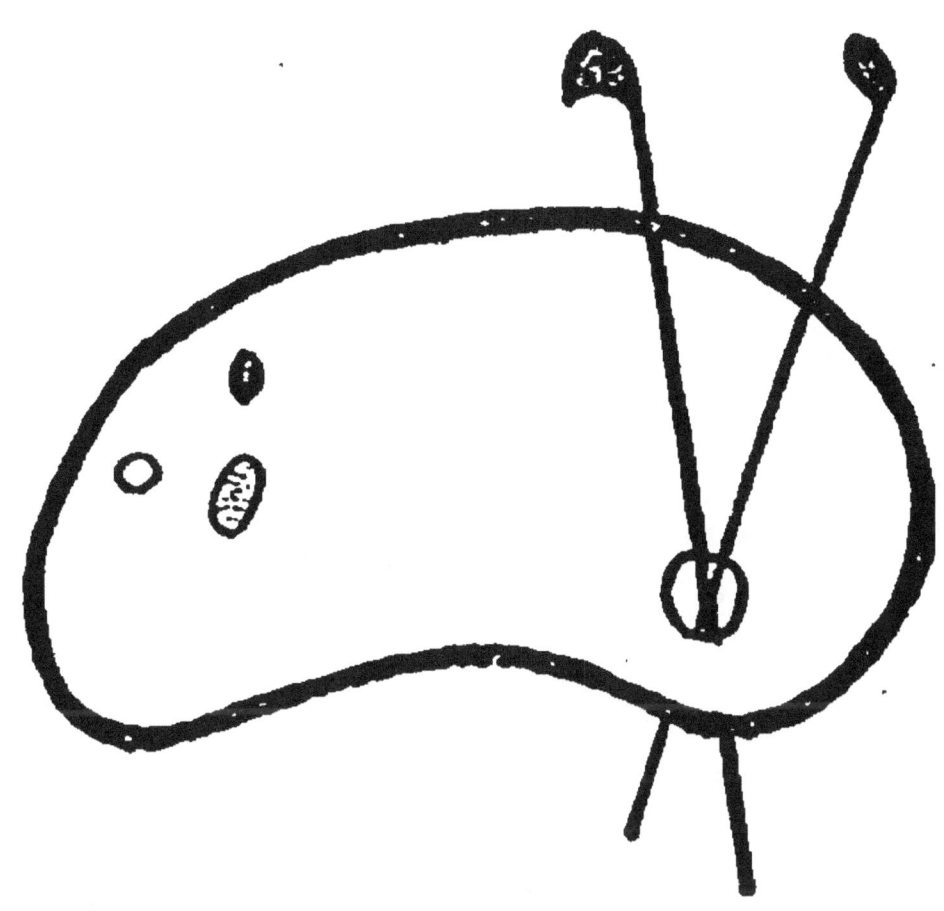

FIN D'UNE SERIE DE DOCUMENTS
EN COULEUR

EXPOSITION HISTORIQUE DE MADRID

TUNISIE

EXPOSITION HISTORIQUE DE MADRID

TUNISIE

CATALOGUE DES MONUMENTS
INTÉRESSANT

L'HISTOIRE DE LA TUNISIE

reproduits par les soins
du Service des Antiquités et des Arts
de Tunisie

COLLECTIONS DU MUSÉE ALAOUI (BARDO)
COLLECTIONS DU MUSÉE DE St-LOUIS-DE-CARTHAGE
MONUMENTS DE L'ÉPOQUE ANTIQUE
MONUMENTS ET HABITATIONS ARABES

TUNIS
IMPRIMERIE RAPIDE, RUE DE CONSTANTINE
1892

EXPOSITION HISTORIQUE DE MADRID

TUNISIE

PREMIÈRE SÉRIE

MONUMENTS COLLECTIONNÉS

Musée Alaoui (Bardo)

PREMIER TABLEAU

LE TRIOMPHE DE NEPTUNE

Grande mosaïque découverte à Sousse (Hadrumète), mise à jour par le 4ᵉ régiment de tirailleurs et enlevée par les soins du Service; elle forme maintenant le sol de la grande salle du Musée.
Long. 12ᵐ90, larg. 9ᵐ80.

DEUXIÈME TABLEAU

MOSAÏQUES CHRÉTIENNES

Ces mosaïques sont toutes des dalles funéraires provenant de la nécropole chrétienne de Tabarka. Elles ont été enlevées par les soins du Service des Antiquités.

TROISIÈME TABLEAU

MOSAIQUES PAIENNES

1. *Mosaïque du Zodiaque.*
   Exagonale.
   Long. 1°05, larg. 1°05.
   Provenant de Zaghouan et offerte au Musée par M. le sénateur Humbert.

2. *Paon.*
   Fragment de la même mosaïque.
   Long. 1°90, larg. 1°35.

3. *Tête de Glaucus.*
   Long. 1°90, larg. 1°35.
   Provenant de Zaghouan.

4. Mosaïque carrée formée d'une grecque, dans le développement de laquelle sont réservés des carrés décorés d'un oiseau.
   Long. 2°90, larg. 2°55
   Provenant de Carthage.

5. *Mosaïque des Vents.*
   Au centre, Neptune dans un médaillon; dans chacun des médaillons des angles, une figure de Vent.
   Long. 2°55, larg. 2°15.
   Provenant de Sousse.

6. *Le Cirque.*
   Grande mosaïque provenant de Gafsa et représentant les jeux du cirque.
   Long. 4°75, larg. 3°30.

7. \
8. } *Habitations romaines.*
9. /
   Ces trois mosaïques, pavement d'un monument à trois absides, proviennent de Tabarka. Chacune des trois parties représente une habitation ou une ferme romaine.
   La première a 5°10 sur 3°40; la seconde, 5° sur 4°58, et la troisième, 5°10 sur 4°68.

10. Fragment représentant une tête de tigre.
    Long. 1m70, larg. 1m.
    Provenant de Tabarka.

11. Autre fragment donnant la figure d'un aigle.
    Long. 1m70, larg. 1m.
    Provenant de Tabarka.

12. Femme filant, détail de la mosaïque aux trois absides.

13. Autre détail de la même mosaïque, représentant une ferme.

14. Deux sangliers.
    Long. 1m45, larg. 1m15.
    Provenant de Sousse.

15. Fragment d'une mosaïque découverte à Nabeur.
    Long. 1m20, larg. 0m75.
    Tête de femme, au-dessus de laquelle deux amours ailés soutiennent une guirlande.

16. *La Pêche.*
    Long. 2m28, larg. 0m88.
    Provenant de Sousse.

QUATRIÈME TABLEAU

LA GRANDE SALLE DES MOSAIQUES ET LE GRAND PATIO

1. Vue de la grande salle des mosaïques.

2. Vue du grand patio.

3. Développement du grand mur de la salle des mosaïques.

4.
5.
6.
7.   } Vitrines de la grande salle.
8.
9.

10.
11. } Détails des vitrines aux terres cuites.

12.
13.
14.
15. } Développement des grands côtés du patio.
16.
17.

18. *Bétyle.*
   Provenant de Carthage.

19. Figure d'homme à grande barbe (marbre).

20. Deux petites têtes en marbre.

21.
22. } Stèles néo-puniques.
23.   (Fond de la Manouba).

CINQUIÈME TABLEAU

SALLE DES FEMMES

SCULPTURES ANTIQUES ET FAIENCES ARABES

1. Vue de la salle des femmes.

2.
3.
4.
5. } Panneaux de faïence décorant la salle, recueillis dans les
6.   ruines du Bardo et mises en place par les soins du Ser-
7.   vice des Antiquités.
8.
9.

10. { Buste de femme (marbre). Haut. 0"53.
    { Torse d'homme nu (marbre). Haut. 0"90.
    { Tête de femme (marbre). Haut. 0"40.

11. Même buste de femme.
    Cette sculpture a été trouvée à El-Djem, non loin de l'amphithéâtre, et a été offerte au Musée par M. Gaudion, de Sfax.

12. Buste de femme avec un croissant derrière la tête.
    Sculpture (marbre).
    Rapportée de Thala.
    Haut. 0˙35.

13. *Vénus.*
    Trouvée à Radès. (La tête et les mains manquent.)
    Haut. 1˙05.
    Offerte au Musée par M. Henry, vétérinaire militaire.

14. Le sarcophage de Enchir-Roumana.

15. Petit triptique en plomb.
    Grandeur naturelle.

16. *Actéon.*
    Fragment d'un cippe rond trouvé dans la nécropole d'El-Abd, près de Bou Ftis.

17. Stèle d'une prêtresse des Cérérés.
    Trouvée à Bou-Djedida.

18.
19.
20. } Carreaux de terre cuite.
21. } Provenant de Kasserine et de Bou Ficha.
23.
24.

SIXIÈME TABLEAU

LES TERRES CUITES

11 numéros représentant une série de terres cuites trouvées à Sousse (Hadrumète), dans la nécropole antique, par MM. Georges Doublet, le capitaine Choppart et le lieutenant Annezo. Ces figurines ont été peintes; quelques-unes d'entre elles conservent encore, très visibles, des traces d'un rouge vermeil et d'un bleu assez brillant.

Musée de Saint-Louis (Carthage)[1]

FOUILLES DU R. P. DELATTRE

PREMIER TABLEAU

PÉRIODE PUNIQUE

1. Vue générale de la nécropole punique découverte dans le flanc sud-ouest de la colline de Saint-Louis. — Les points noirs marquent l'entrée des tombeaux. — En avant, portion d'abside romaine en bel *opus reticulatum*; puis, restes importants du mur de fortification construit par Théodose II. Contre ce mur montait une voie dont on a retrouvé des traces.

2. Face postérieure d'un tombeau punique, avec niches de l'intérieur ouvertes.

3. Autre vue générale des fouilles. — Maison byzantine construite à travers la nécropole.

4. Vue d'un tombeau punique brisé. L'état actuel permet de voir les deux niches qui occupent d'ordinaire le fond des chambres sépulcrales.

5. Façade de tombeau fermé. Au-dessus, petit obélisque qui formait le monument extérieur, primitivement visible à la surface du sol.

6. Vue de la façade et de l'entrée de deux tombeaux puniques.

7. Tombeau vu par côté.

---

[1] Dans cette exposition du musée de Saint-Louis, la plus grande part a été faite aux pièces d'époque punique. Elles offriront, en effet, un intérêt particulier aux archéologues d'Espagne, à cause des rapports de leur pays avec les Phéniciens et les Carthaginois, dans l'antiquité.

8. Tombeau simple, semblable à ceux qui ont été découverts à Cadix. La nécropole en renferme de plus simples encore, se composant d'une fosse creusée en terre et fermée par des dalles.

9. Amphores ayant servi à la sépulture d'enfants.

10.)
11. } Vases funéraires.
12.)

13. Vases gréco-puniques. Dans le bas de la photographie, visage peint sur une portion d'œuf d'autruche.

14. Œnochoé gréco-punique, magnifique pièce de bronze doré.

15. } Colliers formés de grains de verroterie et d'un grand
16. } nombre d'amulettes punico-égyptiennes.

17. Statuette de terre cuite gréco-punique.

18. Lampes puniques. — Vases gréco-puniques. — Hachettes de bronze et sortes de sonnettes de même métal. — Petit tabouret et support en pierre blanche et tendre de Malte.

19. Figurines, de style chaldéen, de style cypriote et de style gréco-punique.

20. Entrée d'un tombeau punique dont la façade a été détruite par les Romains.

21. Au milieu, cippe punique, orné de chapiteaux caractéristiques semblables à des têtes de crosse. — A gauche, stèle punique avec emblèmes en relief. — A droite, petit monument funéraire.

22. Au milieu, stèle punique. — A gauche, deux chapiteaux, fragment de stèle portant un singe qui grimpe à un palmier. — A droite, pilastre cannelé gréco-punique, à section carrée; inscription, fragment d'un tarif de sacrifices; petite stèle portant un personnage gravé au trait, levant la main droite et tenant de la gauche un vase d'offrande avec cette inscription : *Abd-Astaroth* (serviteur d'Astarté).

23. Au milieu : 1° pierre bleue portant gravé au trait, dans le goût assyrien, une sorte de poignard entre deux étoiles, le tout surmonté d'un croissant; 2° épitaphe d'Akbarim, fondeur de fer, fils de Baalsillek; 3° chapiteau gréco-punique. — A gauche, stèle punique. — A droite, stèle votive de marbre blanc, la seule de marbre sur plus d'un millier de stèles que renferme la collection de Saint-Louis.

24. Amulettes punico-égyptiennes. Scarabées portant sur le plat des hiéroglyphes.

25. Figurines de terre cuite punico-égyptiennes. — Au centre, statuette de Tanit, de style particulier.

DEUXIÈME TABLEAU

PÉRIODE PUNIQUE ET PÉRIODE ROMAINE

1. Stèles votives puniques entières. (Les stèles entières sont très rares.) La plus haute mesure 1° de hauteur. La partie inférieure de ces stèles, à peine dégrossie, était fixée en terre. Emblèmes : caducée, disque, triangle de Tanit, colonne avec chapiteau surmonté de la grenade.

2. Stèles puniques ornées de diverses figures : colonne avec chapiteau entre deux candélabres, pince, maillet, ciseau ou grattoir, édicule, main, triangle de Tanit, etc.

3. Stèles puniques. A remarquer : rosaces, main en relief dans un cartouche, corniche gréco-punique, équerre, niveau à fil à plomb, creux dans lequel était incrustée une fleur de lotus, palmier en relief, emblème de Tanit en relief, le globe ailé entre deux uræus, etc.

4. Stèles puniques sur lesquelles se voient : rosaces, vase, main, figure de Tanit, dauphin, phare, disque et croissant, caducées, personnage debout, etc.

5. Stèles puniques. On y voit : chapiteaux carthaginois, rosaces, mains, le globe ailé entre deux uræus, barque, etc.

6. Bétyle. — Têtes carthaginoises caractérisées par une ligne de démarcation tracée à travers le visage pour distinguer la partie barbue de celle qui ne l'est pas.— Figures exécutées au trait.

7. Stèles puniques : le globe ailé, chapiteaux, mains, rosaces, édicule surmonté d'un vase, palmier en relief, colonne cannelée surmontée du chapiteau et de la grenade, fleur de lotus, etc.

8. Stèles puniques : emblème de Tanit surmonté du disque et du croissant, colonnes à chapiteau en tête de crosse, vase entre deux palmiers, pyramide de coqs.

9. Stèles puniques : personnage assis sous un édicule à chapiteaux en tête de crosse et à fronton orné du disque et du croissant; dauphins se désaltérant dans une vasque; palmier en relief; personnage à quatre ailes, avec creux où la tête était incrustée; le cheval et la palme; colonne et chapiteau; fleur de lotus; inscription (n° 72) dont il a été dit à l'Académie : « Cette inscription renverse, si elle avait besoin d'être renversée, l'hypothèse de ceux qui veulent, encore aujourd'hui, voir dans ces *ex-voto* des inscriptions funéraires. »

10. Stèles puniques : mains, vases, équerre et niveau au fil à plomb, barques, flûtes, etc.

11. Empreintes antiques de belles intailles de style égyptien et de style grec.

12. Colonne portant en très haut relief un personnage vêtu d'un simple pagne, orné d'imbrications figurant des écailles de poisson. Cette sorte d'Hercule porte sur ses épaules deux petites figures semblables au dieu que l'on a voulu représenter.

13. Grande statue romaine représentant la Victoire.
    Haut. 2=55.

14. Pyramide de chapiteaux romains de diverses époques. — En arrière, pyramide de boulets turcs.

15. Autre pyramide de chapiteaux romains. Ceux de la seconde assise proviennent de la grande nef de la basilique chrétienne de Damous-el-Karita.

16. Terres cuites romaines, figurines; deux statuettes d'Isis allaitant Horus; orgue et joueur d'orgue (haut. 0*18), œuvre du II° siècle; musicien et musiciennes. — A gauche, ivoire représentant une flûte.

17. Orgue (seconde face) portant la marque du potier POSSESSOR; figurines, têtes de statuette, disque de lampe finement travaillé.

18. Statue de femme romaine, dressée sur un tambour de colonne rudentée qui provient du temple d'Esculape. En arrière, portion du mur tapissé d'épitaphes romaines.

19. Statue et inscription provenant des ruines de Thysdrus (aujourd'hui El-Djem); fragment de colonne milliaire au nom de l'empereur Constantin. — En arrière, portion du mur tapissé d'épitaphes romaines.

20. Bas-relief en stuc : matrone romaine faisant faire sa toilette par une esclave.

21. Bas-relief en stuc : la même matrone faisant sa lecture. Ces deux bas-reliefs, avec un troisième où la matrone filait la quenouille, ornaient les flancs de la tombe d'une riche romaine. (Le monument appartient à la seconde moitié du II° siècle.)

TROISIÈME TABLEAU

PÉRIODE ROMAINE — PÉRIODE CHRÉTIENNE

1. Ruines d'un temple ou palais, situées près de l'entrée latérale de la nouvelle cathédrale.

2. Citernes du bord de la mer avant leur restauration.

3. Vue intérieure des mêmes citernes.

4. Les anciens ports de Carthage.

5. Vue des grandes citernes de La Malga, transformées en village.

6. Vue des ruines situées en avant de l'ancienne chapelle de Saint-Louis.

7. Têtes romaines. Au milieu, tête de déesse dont le visage était doré. La chevelure conserve la place d'une couronne et porte au-dessus du front la base d'une aigrette mobile qui permettait de varier la coiffure.

8. Têtes romaines. Au milieu, tête voilée de l'empereur Auguste, jeune, en costume de flamine. A droite, tête d'Octavie, sœur d'Auguste. Ces trois belles têtes ont été trouvées ensemble sur la colline de Saint-Louis.

9. Torse de Bacchus ou d'Apollon.

10. Statue de femme romaine.

11. Groupe de génies musiciens.

12. Mosaïque : femme romaine représentant l'Hiver, provenant de la salle aux Quatre Saisons, découverte dans la villa de Scorpianus, non loin de l'amphithéâtre et près du cimetière des *Officiales*.

13. Diverses têtes romaines.

14. Figurines en terre cuite, de basse époque romaine, reproduisant un type particulier à Carthage. (Haut. 0″ 13.)

15. Quelques-uns des marbres sculptés trouvés en creusant les fondations de la nouvelle cathédrale.

16. Statuettes d'Isis; dos. (Voir la face dans le n° 16 du second tableau.)

17. Urne funéraire en verre irrisé, intacte. (Haut. 0″ 27.)

18. Inscriptions latines : Epitaphe versifiée. Fragment d'une liste de soldats recrutés dans la Lusitanie. Le marbre porte les noms d'*Emerita* (Merida), d'*Olisipo* (Lisbonne), d'*Ebora* (Evora) et de *Norba* (Alcantara).

M. Héron de Villefosse croit que la légion à laquelle appartenaient ces Lusitaniens était la *II* *Augusta*. M. René Cagnat est d'avis que c'était plutôt la *VII* *Gemina*.

19. Épitaphes provenant du cimetière des *Officiales*. A remarquer : celle de *G. Ælius Felix*, affranchi des Empereurs. Il a vécu 76 ans, 9 mois, 3 jours et 12 heures. *Ostoria Procula* à son mari bien méritant, dont elle n'a pas eu à se plaindre, « *de quo nihil questa est* ».

20. Vue d'une partie du cimetière des *Officiales*. — Chaque cippe renferme une ou plusieurs urnes funéraires, et l'épitaphe était placée sur une des faces.

21. Vue intérieure de la salle du Musée de Saint-Louis.

22. Vue générale des fouilles de la basilique de Damous-el-Karita. — Ces fouilles s'étendent sur une longueur de 150 mètres et une largeur de 50.

23. Bas-relief représentant l'Ange du Seigneur venant annoncer aux bergers la naissance du Sauveur; trouvé dans la basilique avec plusieurs centaines d'autres fragments de bas-reliefs et plus de *quatorze mille* morceaux d'épitaphes chrétiennes.

24. Lampes chrétiennes. — Lampes à double bec. — Sujets à remarquer : diverses croix, l'Agneau, le Poisson et les *Pisciculi*, N.-S. Jésus-Christ foulant aux pieds le serpent infernal, et le chandelier mosaïque renversé.

25. Lampes chrétiennes. — Disques de lampes. — Sujets de l'Ancien Testament : Abel offrant l'agneau, le Sacrifice d'Abraham, Jonas sortant du monstre marin, les trois Hébreux devant la statue de Nabuchodonosor, les deux Hébreux supportant la grappe de raisin de la Terre-Promise. — Croix, monogrammes, le Poisson entouré des *Pisciculi* et des colombes. — Enfin divers autres sujets eucharistiques.

26. Vase chrétien du V° siècle portant la croix et la lettre A entre deux poissons.

27. Le même vase, avec un autre orné de la croix avec les lettres A B C (premières de l'alphabet) entre deux poissons.

QUELQUES BROCHURES SUR LES DÉCOUVERTES FAITES A CARTHAGE

Les Tombeaux puniques de Carthage, 124 pages, avec 40 dessins ; LYON, 1890.

Les Tombeaux puniques de Carthage, 19 pages, avec 11 dessins ; PARIS, 1891.

Fouilles d'un Cimetière romain à Carthage, 28 pages, avec 10 dessins ; PARIS, 1889.

Inscriptions latines de Carthage (épigraphie païenne) provenant de la cité proprement dite et des faubourgs. 1884-1886. — 32 pages ; VIENNE, 1887.

Inscriptions païennes, latines et grecques trouvées à Carthage 1886-1888. — 28 pages ; BÔNE.

Inscriptions de Carthage (épigraphie païenne). 1890-1892. — 11 pages ; ROME, 1892.

Marques de Vases grecs et romains trouvés à Carthage. 1888-1890. — 32 pages ; ROME, 1891.

Les Lampes antiques du Musée de Saint-Louis-de-Carthage, 31 pages, avec 23 dessins ; LILLE, 1889.

Lampes chrétiennes de Carthage. 18 pages, avec 16 dessins, renfermant la description de 96 lampes ; LILLE, 1890.

Lampes chrétiennes de Carthage (suite), renfermant 35 dessins et la description des lampes jusqu'au n° 335 ; LILLE, 1891.

Lampes chrétiennes de Carthage (suite, n° 3), avec 31 dessins et la description des lampes jusqu'au n° 660 ; LILLE, 1891.

Lampes chrétiennes de Carthage (suite, n° 4), renfermant 30 dessins et la description des lampes jusqu'au n° 839 ; LILLE, 1892.

L'Epigraphie chrétienne à Carthage. 28 pages ; PARIS, 1891.

Archéologie chrétienne de Carthage. 1889-1892. — 23 dessins ; PARIS, 1892.

La Basilique de Damous-el-Karita. 19 pages, avec plan ; CONSTANTINE, 1892.

Souvenir de la Croisade de Saint-Louis trouvés à Carthage. 17 pages ; TUNIS, 1890.

DEUXIÈME SÉRIE

ÉPOQUE ANTIQUE

MONUMENTS

PREMIER TABLEAU

ARCS TRIOMPHAUX, PORTES

1. Porte Bab-Erroumi, à Tounga (côté sud).
2. Même porte (côté nord).
3. Porte de Zaghouan.
4. Même porte.
5. Arc de Triomphe de Sbeitla.
6. Porte en avant des Temples, à Sbeitla.
7. Arc de Trajan, à Maktar.
8. Porte triomphale (côté est), Maktar.
9. La même porte (côté ouest).
10. Arc de Triomphe de Kasserine (côté de l'inscription).
11. Même porte (l'autre côté).
12. Porte d'un monument indéfini, à Kasserine.
13. Le grand Arc de Triomphe d'Haïdra.
14. Le grand Arc de Triomphe de Bouftis.
15. Restes d'une porte triomphale dans la muraille byzantine de Teboursouk.
16. Petite porte de ville à Uzappa.
17. Porte en aval du Palais des Eaux, à Aïn-Menzel.
18. Porte en aval du Palais des Eaux, à Aphrodisium.
19. Petite porte de ville, à Aïn-Menzel.
20. Arc de Triomphe à Aïn-Tounga.
21. Restes d'un des arcs de Tuburbo Majus.
22. Deuxième vue de l'arc de Bouftis.
23. Restes d'une grande porte, à Toukabeur.
24. Porte en avant d'un grand monument, à Kouchbatia.
25. Porte sur le petit vallon de l'oued El-Akar, près Chemtou.
26. Porte formée de monolithes, à Toukabeur.

DEUXIÈME TABLEAU

AQUEDUCS, PONTS, THERMES

1. Aqueduc de Carthage, développement sur la plaine de Zaghouan.
2. Autre fragment de l'aqueduc de Carthage.
3. Autre fragment, vers la Medjerda.
4. Aqueduc de Maktar, au sud de la ville.
5. Autre fragment de l'aqueduc de Carthage.
6. Aqueduc de Dougga. Vallon de Chaled-el-Amri.
7. Aqueduc de Chemtou.
8. Pont de Trajan, à Chemtou.
9. Pont-aqueduc de Sbeïtla.
10. Pont sur l'oued Zarga.
11. Pont de Béja.
12. Thermes de Sbiba.
13. Thermes de Tabarka.
14. Thermes de Bulla-Regia.
15. Thermes de Feriana.
16. Barrage de Tahouna (oued Medjerda).
17. Barrage et route sur l'oued Boull (Enfida).
18. Piscine d'El-Hammam (de Gabès).
19. Piscine de Gafsa.
20. Citernes de Toukabeur.
21. Fontaine monumentale à Ksar-el-Adid.
22. Château d'eau d'Aphrodisium.
23. Château d'eau de Sbiba. La niche centrale.
24.   Id.   id.   Vue générale prise de face.
25.   Id.   id.   Vue prise du bas, montrant les couloirs d'eau.
26. Puits romain à Eléphantaria.
27. Pont à Colonia Thuburnica.

TROISIÈME TABLEAU

TEMPLES, AMPHITHÉATRES, THÉATRES

1. Le grand Temple de Dougga ; vue générale.
2. Détails de l'entablement.

3. Dougga. Le Temple, vu de derrière.
4. Vue intérieure de la Cella.
5. Ruines du Temple de Sbouia, près de Dougga.
6. Autre vue du même temple.
7. Sbeitla. Vue des trois Temples, prise de derrière.
8. Sbeitla. Vue des trois Temples, prise de devant.
9. Sbeitla. Façades des trois Temples.
10. Sbeitla. Détails du Temple central.
11. Sbeitla. Détails des Temples, vus de derrière.
12. Détails du Temple central.
13. Temple de Mercure à Aïn-Tounga.
14. Temple d'Enchir-Krimah. Chevet.
15. Le même temple converti en basilique à l'époque byzantine.
16. Vue du mont Zaghouan et du Temple des Eaux.
17. Zaghouan. Le temple et la galerie circulaire.
18.   Id.   Détails de la porte du temple.
19. Temple d'Aphrodisium.
20. Intérieur de l'amphithéâtre d'El-Djem.
21. El-Djem. Détail de l'intérieur de l'amphithéâtre.
22.   Id.   Façade extérieure.
23.   Id.   La grande brèche, vue de l'extérieur.
24.   Id.   Id.   vue de l'intérieur.
25. Théâtre de Dougga. (Fouilles de MM. le D' Carton et Denis.)
26. Monument à colonnes de Sbiba.
27. Temple de Saturne à Dougga. (Fouilles de MM. le D' Carton et Denis.)

QUATRIÈME TABLEAU

MAUSOLÉES

1. Restes d'un mausolée dans la campagne de Kasserine.
2. Mausolée de Verrius Rogatus, à Maktar.
3. Mausolée d'Urbanilla, à Henchir-Semah.
4. Le même mausolée.
5. Mausolée de Bordj-Messaoudi.
6. Mausolée des Jules, à Maktar.
7. Mausolée d'Henchir-Brikita.

8. Grand mausolée de Kasserine.
9. Mausolée d'Hadjeb-el-Aïoun, près de Kairouan.
10. Mausolée rond de Ksar-el-Menara.
11. Mausolée de Sidi-Mohamed-el-Azreg.
12. L'un des mausolées de Sidi-Aïch.
13. Le second mausolée de Sidi-Aïch.
14. Vue générale de Sidi-Aïch.
15. Haïdra. Le grand mausolée.
16. Mausolée exagonal, à Haïdra.
17. Mausolée de Dougga.
18. Mausolée de Dougga.
19. Mausolée d'Henchir-Messaour.
20. Mausolée de Thuburnica Colonia.
21. Mausolée d'Henchir-Tabaca.
22. Mausolée octogonal à Henchir-Gargour.
23. Grand mausolée à colonnes, à Henchir-Gargour.
24. Autre vue du même.
25. Mausolée à Bouftis.
26. Mausolée d'Henchir-Touiref.
27. Mausolée pyramidal de Maktar (façade).
28. Le même (vu par derrière).

CINQUIÈME TABLEAU

BASILIQUES, SÉPULTURES, MONUMENTS DIVERS

1. Tombe chrétienne, nécropole de Sfax.
2. Tombeau à trois compartiments, nécropole de Sfax.
3. Entrée de la nécropole chrétienne souterraine de Arch-Zara, près de Salacta.
4. Entrée d'un des grands dolmens de Bordj-bel-Ouar.
5. Dolmens de Maktar.
6. Dolmens de Bordj-bel-Ouar.
7. Dolmens de Maktar.
8. Dolmens de Bordj-bel-Ouar.
9. Dolmens ou habitations à Maktar.
10. Sépultures dans les rochers de Chaouache.

11. Petit mausolée en briques à Sloughia.
12. Basilique ou baptistère de Ksar-Hallal.
13. Basilique païenne de Tuburbo Majus.
14. Autre vue de la même basilique.
15. Basilique de Chemtou.
16. Basilique de Bir-el-Ench.
17. Seconde basilique à Chemtou.
18. Basilique d'Henchir-Rhiria.
19. Monument demi-circulaire d'Aïn-Tounga.
20. Ruines d'un grand monument à Maktar.
21. Monument aux grands piliers de Colonia Vallis.
22. Grand monument à Uzappa.
23. Grande ruine de Bijga (thermes).
24. Les quatre colonnes de Feriana.
25. Restes du palais punique de Bulla-Regia.
26. Maison romaine d'Enchir Chett.
27. Remparts de Béja (côté sud).
28. Remparts de Béja (côté nord).
29. Citernes d'Utique.
30. Restes du Palais Amiral, à Utique.
31. Le grand bastion de la forteresse d'Aïn-Tounga.
32. Une vue du Kef.
33. Une vue de Zaghouan.
34. La Fontaine-Noire, à Béja.
35. Baptistère à Sfax (nécropole chrétienne).
36. Les carrières de Chemtou.
37. Petite porte romaine dans une rue de Gafsa.
38. Porte surmontée d'un grand linteau monolithe à Béja.

TROISIÈME SÉRIE

MONUMENTS & HABITATIONS ARABES

PREMIER TABLEAU

VILLAGES ET HABITATIONS

1. Vue générale de Ksar-Medenine.
2. Maisons à Ksar-Medenine.
3. Autres maisons à Ksar-Medenine.
4. Une place de Ksar-Medenine.
5. Une rue de Ksar-Medenine.
6. Vue de Ksar-Métameur.
7. Village troglodite des Matmata. Vue générale du village de Kalaâ-Matmata.
8. Autre vue de Kalaâ-Matmata.
9. Village de Hadèje.
10. Vue d'une habitation troglodite.
11. Cour intérieure de la même habitation.
13. Village de Beni-Barka. Vue générale.
14. Une rue dans le village de Beni-Barka.
15. Vue générale de Chenini.
16. Un quartier de Chenini.
17. Vue générale de Douirat.
18. Autre vue de Douirat.
19. Un quartier de Douirat
20. Type d'habitation à Djerba.
21. Un moulin à huile monolithe dans la vallée d'Uzappa.
22. Le village de Takrouna (Enfida).
23. Village arabe de Chaouache.
24. Entrée des gorges de Ras-el-Aïoun.
25. Le chaos au milieu des gorges.
26. Vue dans l'intérieur des gorges.
27.   Id.   Id.

DEUXIÈME TABLEAU

MOSQUÉES ET MINARETS

1. Le grand minaret penché de Sidi-ben-Ghalleb (Tozeur).
2. Le mirab de la mosquée de Bled-el-Adar (vieux Tozeur).
3. La grande mosquée de Tozeur.
4. Intérieur de la grande mosquée de Kairouan.
5. Le mirab et la chaire. Grande salle (Kairouan).
6. Autre vue intérieure de la grande salle (Kairouan).
7. Vue intérieure des galeries et de la cour (Kairouan).
8. La grande porte sous la galerie (Kairouan).
9. La grande cour et le minaret (Kairouan).
10. La grande cour et la galerie d'entrée (Kairouan).
10 bis. Le péristyle et la coupole (Kairouan).
11. Vue générale de la mosquée du Barbier (Kairouan).
12. Cour intérieure de la même mosquée.
13. Mosquée dans une rue de Kairouan.
15. La mosquée du Sabre (Kairouan).
16. Intérieur de la mosquée du Bey (Kairouan).
17. La grande cour de la mosquée de Gafsa.
18. L'un des côtés des galeries (Gafsa).
19. Rue et minaret de Gafsa.
20. Autre vue du minaret de Gafsa.
21. Mosquée de Si-Brahim-Djemni, à Djerba.
22. Autre vue de la même mosquée.
23. Mosquée Ghorba, à Djerba.
24.   Id.   id.
24 bis. La mosquée turque, à Djerba.
25. Le tombeau des Trois Marabouts, à Djerba.
26. Mosquée de Djedida-Ouallag (intérieur de l'île).
27. Mosquée d'El-May (intérieur de l'île).
28. La grande mosquée du Kef.
29. Petite mosquée, à Sloughia.
30. Le minaret de Testour.
31. Une rue et un minaret de Sousse.

TROISIÈME TABLEAU

VILLES DE LA COTE

1. Djerba. Vue du marché de Houmt-Souk.
2. La forteresse de Houmt-Souk (côté de la mer).
3. La forteresse de Houmt-Souk (côté de la terre).
4. Une habitation dans l'oasis de Gabès.
5. Remparts de Sfax.
6.   Id.
7. Mahedia. Le port antique et les quais.
8. La nécropole et les murailles.
9. Les ruines des remparts.
10. La porte de la ville (Mahedia).
11. Maison à Sfax.
12. Les remparts de Monastir (côté de la mer).
13. Une porte dans la grande rue.
14. Vue panoramique de Sousse.
15. Les remparts et les quais (Sousse).
17. Bizerte. Le pont et le canal.
18.   Id.   Le grand bassin.
19.   Id.   Autre vue du canal.
20. Porto-Farina. Le grand bassin.
21.   Id.   Les constructions du grand bassin.
22.   Id.   L'entrée du bassin.
23. Tabarka. Vue générale de la ville et de l'île.
24. Le fort sur le continent.
25. Le fort de l'île.
26. L'île de Tabarka.
27. Autre vue du fort.
28. Le grand fort génois dans l'île.

QUATRIÈME TABLEAU

OASIS ET FORÊTS

1. Vue générale de Tozeur.
2. Maison à arcades (Tozeur).

3. Maison à arcades (Tozeur).
4.   Id.   id.
5. Galerie d'une maison.
6. L'une des portes de Tozeur. Le minaret penché.
7. Marabout de Sidi-Chakratz, jurisconsulte arabe (vieux Tozeur).
8. Grande tour en briques bâtie sur des fondations antiques (vieux Tozeur).
9. Oasis de Tahtaouine.
10. Fontaine des palmiers à Limaguès (route de Kebily).
11. Oasis de Medenine.
12. Oasis d'El-Hammam (Gabès).
13. Forteresse de Gafsa.
14. Autre vue de la forteresse de Gafsa.
15. L'une des portes de la grande mosquée de Gafsa.
16. La fontaine près d'El-Hammam (Tozeur).
17. Le ksar d'El-Hammam (Gabès).
18. Oasis d'El-Hammam (Gabès).
19. Oasis de Tahtaouine.
20. Oasis de Gabès. L'oued Gabès.
21. Oasis de Gabès. Le pont de Menzel.
22. Une rue de Menzel (Gabès).
23. Vue générale de la Dechra.
24. Forêt d'oliviers de la Dechra.
25. Autre vue de la forêt d'oliviers.
26. L'arbre de Fernana.
27. Dans la forêt d'Aïn-Draham. Le col de la Santé.
28. Grands oliviers sur la route de Tabarka.
29. Chênes au-dessous d'Aïn-Draham.

CINQUIÈME TABLEAU

TUNIS

1. Tombeaux des Beys.
2. Mosquée du Dar-el-Bey.
3. Mosquée Neuve.
4. Minaret, rue des Teinturiers.

5. Mosquée de Bab-Alçoua.
6. Mosquée Djamah-el-Ksar.
7. Minaret de Sidi-ben-Arous.
8. Mosquée de la rue Halfaouine.
9. Mosquée de Sidi-Mahrès.
10. Autre vue de Sidi-Mahrès.
11. Grande mosquée.
12. Rue du Dar-el-Bey.
13. Porte et escalier de la grande mosquée.
14. Pavillon de la mosquée du Dar-el-Bey.
15. Petit marabout, rue Sidi-bou-Khrissan.
16. Petit marabout, rue El-Azafine.
17. Entrée de la mosquée de la rue des Libraires.
18. Marabout de la Kasba.
19. Petite minaret, rue El-Monastiri.
20. Mosquée de la rue Halfaouine.
21. Une rue derrière la mosquée du Dar-el-Bey.
22. Pavillon de la mosquée Sidi-ben-Arous.
23. Marabout voisin des Tombeaux des Beys.
24. Marabout, rue des Etoffes.
25. }
26. } Maison arabe, rue du Divan. Vues intérieures.
27. }
28. }

VINGTIÈME TABLEAU

1. Reproduction photographique d'une ancienne gravure représentant le siège de Tunis par Charles-Quint.
2. Reproduction d'une ancienne gravure représentant d'un côté le cap Africa (Mahedia) et de l'autre la baie et le rocher de Tabarka.
3. Reproduction d'une tapisserie représentant le siège de Tunis par Charles-Quint. Cette tapisserie est la seule conservée d'une série commandée par le cardinal de Granvelle, alors gouverneur de la Franche-Comté pour l'Empereur, a un fabricant de tapisserie de Bruxelles. Elle a figuré, il y a quelques années, à une exposition d'art rétrospectif à Tours, et M. Léon Palustre l'a donnée dans l'album qu'il a publié sur cette exposition.

TUNIS. — IMPRIMERIE RAPIDE, RUE DE CONSTANTINE

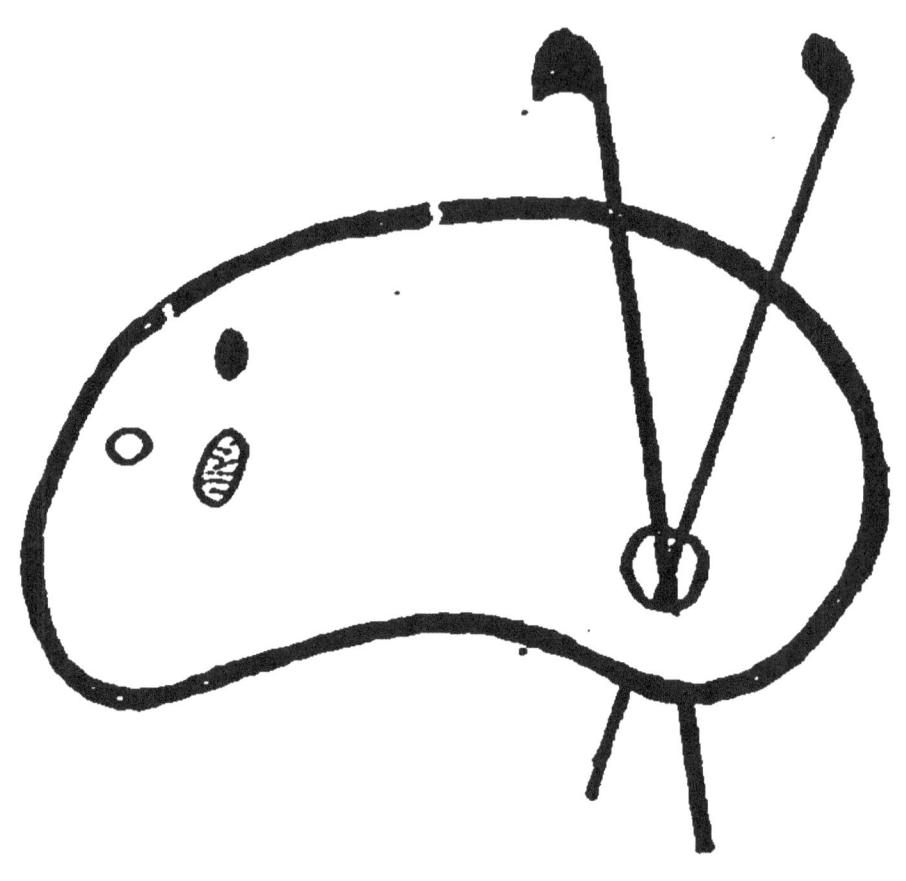

ORIGINAL EN COULEUR
NF Z 43-120-8

www.ingramcontent.com/pod-product-compliance
Lightning Source LLC
Chambersburg PA
CBHW030102230526
45471CB00003B/1219